TESTAMENT

POLITIQUE

DE

LOUIS MANDRIN,

Généralissime des Troupes des Contrebandiers, écrit par Lui-même dans sa Prison.

SEPTIÉME ÉDITION.

A GENEVE.

M. DCC. LVI.

PREFACE.

JE travaillois à ramasser les pièces qui devoient servir à dresser mon Testament politique, lorsque je fus arrêté.

Sans cet évènement auquel je ne m'attendois pas sitôt, cet ouvrage eût formé probablement à ma mort plusieurs volumes, qui peut-être eussent été plus utiles à la France que ceux qui ont paru sous le Titre de Testament Politique de Richelieu, Colbert & Louvois.

Les Livres de ces hommes à administration sont toujours à pure perte pour l'Etat ; car en parlant du reméde, ils ne pénétrent jamais jusques à la source du mal.

Les actions des Particuliers, celle des Chefs de parti, des Vagabonds, & autres ; à qui la Société donne des noms odieux, sont plus décisives, parce qu'elles montrent pour l'ordinaire aux Souverains, des endroits foibles du Gouvernement.

Cartouche découvrit un vice dans l'administration françoise , qui en débordant d'un autre côté eût peut-être renversé la Monarchie.

La misere qui forçoit alors une infinité de gens de tout état en France à devenir Cartouchiens , avertit le Ministere qu'il étoit temps de prévenir les dangereux effets de cette indigence.

Comme j'avois été arrêté sur les Terres du DUC DE SAVOYE, & qu'il falloit une espece de négociation à mon sujet ; pour justifier la France auprès de ce Prince , de cette démarche, 'aurois eu assez de loisir pour donner un peu plus d'étenduë à cet ouvrage ; mais la curiosité du Peuple à me voir dans ma prison , & la maniere d'une infinité de gens à m'entretenir, fit que je n'eus que le temps de faire un abrégé. Toutes les Lettres qui y sont rapportées , sont d'après les Originaux que je n'avois point sur moi lorsqu'on m'arrêta , mais qui m'étoient très-présentes à l'esprit.

IL ne tiendroit qu'à moi de m'ériger en Héros. Le Public est déjà lui-même en avance des premiers frais de cette réputation en ma faveur. On se prévient toujours pour un particulier, qui franchissant les bornes d'un rang obscur, fait beaucoup de bruit dans le monde. De cette prévention à l'Héroïsme il n'y a point d'intervalle.

Je pourrois donc impunément me comparer à Alexandre, à César, & à tous les autres perturbâteurs de l'Univers. Dans le fond si la cause des troubles qu'ils excitèrent, fut différente, du moins les effets furent les mêmes. D'eux à moi toute la différence est dans l'importance de l'objet.

Je puis dire même que j'ai des endroits supérieurs à ces Mandrins de l'Asie. Ceux-ci en troublant le monde se virent toujours les premiers. Leur ambition raporta tout à eux-mêmes : au lieu que dans les révolutions que j'ai excitées, je n'ai envisagé que le bien du Public.

J'ai empêché que les richesses de plusieurs Provinces ne s'écoulassent avec cette précipitation qui jusques-là avoit fait tout leur malheur. J'ai retenu par le bas prix des matieres néceffaires une plus grande partie de l'argent dans plu-fieurs pays où fa privation jufques à ce moment avoit caufé la ruine. J'ai déchar-gé le Peuple d'une partie des impôts , dont le poids l'accabloit , &c.

Mais c'eft en vain que je voudrois prendre le titre pompeux de Protecteur du Peuple. Il y a une certaine équité na-turelle, qui prévaut toujours fur l'em-phafe des grands mots. Toute vertu ceffe, là où la fubordination finit. Il n'appar-tient point à un particulier fous quel pré-texte que ce foit de jouer le rôle de Ré-formateur.

La premiere vertu d'un fujet eft celle de l'obéiffance. J'ai manqué au plus grand, au plus magnanime, au meilleur de tous les Rois, je me déclare coupable de Lé-ze-Majefté, je mérite la mort, je l'attends avec réfignation.

Cependant ma prife, & ma prifon for-ment une époque remarquable pour la France. J'ai entendu les fanglots de ceux même de qui on difoit avant ce moment que j'étois la terreur. J'ai vû partout cou-ler des pleurs.

Qu'eft-ce que c'eft que ce criminel dont toute la France parle, qu'un cha-cun plaint, que tout le monde regrette, à qui une infinité de gens voudroient ra;

cheter la vie de leur propre fang ? C'eft
un myftere, que la politique de Verfailles
peut aifément déveloper.

Je meurs content fi cet évenement
peut fervir à faire ouvrir les yeux au Mi-
niftere. Le moment eft décifif, le Royaume vient d'effuyer une grande crife: il n'a
manqué que des circonftances pour que
la plus belle de toutes les Monachies fût
renverfée. Si une guerre étrangere étoit
furvenue, la France étoit perdue ; j'avois
deux cens mille hommes fous mes ordres.
Le fecond Etat de prefque toutes les Provinces du midi , ce qu'on appelle les hon-
nêtes-gens; (car je ne parle pas des hommes de la derniere claffe,) n'attendoit
qu'une occafion favorable de fe déclarer,
l'exemple des uns eût animé les autres, &
la révolution alors devenoit générale.
Quand le Peuple commence une fois d'aller , il ne fçait jamais lui-même où il ira,
Le plus grand malheur d'un Etat eft qu'il
ait une fois levé le mafque; car fon crime
alors eft lui-même l'aliment de fon auda-
ce. Les plus fameufes révolutions qui ont
mis tout à feu & à fang,dans les plus puif-
fans Empires du monde ont toujours
commencé par des étincelles.

On dira que nous ne fommes plus dans
ces fiécles orageux où les Gouverne-
mens avoient tout à craindre de la part

d'une Populace effrénée ; mais l'Europe depuis peu a eu un exemple qui prouve que tous les âges du monde font les mêmes. On vit il y a quelques années, une poigneé de Citoyens d'une feule Ville d'Italie fans fecours, fans vivres, fans munitions, faire tête à une Puiffance Militaire formidable, qui quelque tems auparavant avoit fait trembler les plus grands Etats de l'Europe.

Mais moi-même ne fuis-je pas une époque mémorable combien la force des plus grands Monarques eft impuiffante contre les plus petites émeutes des Peuples.

La France a actuellement plus de cent cinquante mille hommes fur pied ; elle peut dans une bataille rangée accabler la plus formidable Puiffance. A-t-elle pû jamais me réduire ? j'ai toujours eu l'avantage fur elle, tant dans mes combats généraux que particuliers. Si j'ai été pris, ce n'a pas été de bonne guerre. Je l'ai réduite à la honte d'ufer avec moi de ftratagême ; fans une trahifon, je ferois encore à la tête de mon Armée, toujours la terreur de cinq ou fix Provinces.

Il ne faut point avoir recours à la vertu des Talifmans pour expliquer ceci. Ces phénomenes de politique irréguliers prennent leurs fources dans des caufes naturelles

Régle générale : les troupes réglées ont toujours une sorte de répugnance de se battre contre ce qu'ils appellent des Bandits. Elles remplissent mieux leur devoir avec l'Ennemi Militaire de l'Etat. Il y a des Loix plus douces dans les Batailles réglées, en y cédant à la force, on n'est fait de part & d'autre que prisonniers de Guerre ; au lieu que dans les combats des sujets révoltés, les actions y sont plus terribles, car ceux-ci sçavent que s'ils ne périssent point dans le combat, & qu'ils soient pris, ils vont terminer leur vie sur un échaffaut, alternative qui en les rendant furieux, leur donne toujours l'avantage sur les troupes rglées.

Mais c'est encore là une autre époque remarquable. Le François est patriote, il aime son Roi, & l'Etat, si toutes les Nations lui donnent le titre de leger, & d'inconstant, personne ne lui refuse celui de bon & de sincere : en général le Peuple en France n'est point sanguinaire, il voit avec horreur l'effroi & le carnage. Cependant on s'est égorgé avec une fureur qui tenoit de la Guerre de Religion. Ce paradoxe de la Nature n'est pas non plus difficile à expliquer ; c'est qu'il s'est glissé un vice dans le Gouvernement François qui a irrité l'esprit de

ce Peuple & l'a fait fortir de fon carac-
tére. Le vice eft le fyftême des Fermes.

Les Rois ne font refponfables qu'à
Dieu feul de l'adminiftration de leurs
revenus. Cependant comme c'eft de
cette partie du Gouvernement que dé-
pendent la richeffe du Peuple, la puiffance de la Monarchie, la fureté du
Prince, & le repos des Sujets. Ils ne fçau-
roient prendre trop de précautions pour
qu'elle s'accorde avec le Génie de la
Nation, qui en général fe trouve moulé
fur la conftitution premiere du Gouvernement.

Je puis dire que j'ai le fecret de l'Etat
dans cette partie ; tous ceux qui fe
déchaînent contre les Fermes Royales,
n'alleguent contr'elles que des préjugés
généraux : Pour moi j'ai des faits à citer.

Une foule de Sujets de tous les ordres
de l'Etat fe font adreffés à moi en différens
tems, en différens lieux ; foit par des
Lettres circulaires, ou des députations
pour combiner enfemble les moyens de
fecouer le joug de ce qu'ils appelloient
la tyrannie des Fermiers.

Ceux qui m'ont connu fçavent que
j'ai exercé mon Emploi de Généraliffime
plus en politique, qu'en vil partifan : j'ai
cherché la caufe de cette grande affluence
de Peuple qui venoit chaque jour s'en-

rôler fous mes drapeaux, & en remontant à fa premiere fource, j'ai découvert qu'elle prenoit elle-même fon origine dans le fyflême des Fermes.

J'ai trouvé que c'eft à celui-ci, qui a renverfé en France le premier ordre du Gouvernement économique, politique, & civil qu'il falloit l'attribuer.

Depuis foixante ans une efpéce de maladie a attaqué le Miniflere François. La fureur des Baux a prévalu fur tous les autres fyflêmes de l'adminiflration. Tout eft Ferme aujourd'hui en France, tout eft Contrat ; bientôt, il ne fera permis au Peuple de refpirer que par entreprife.

Quelques Politiques fe font mis bien avant dans l'efprit que les Fermes Royales avoient augmenté les richeffes de la Couronne.

Du tems de Louis XIII. difent-ils, les revenus du Roi dans la partie relative aux Fermes actuelles, n'étoit que de vingt millions, aujourd'hui les Fermiers l'ont fait monter à cent.

Je fuppofe qu'il n'y a perfonne qui n'entende ce langage. Il fignifie que les Traitans ont porté les Rois qui ont fuccédé à Louis XIII. de créer des Impôts * fur le Peuple qui n'étoient pas établis du tems du Gou-

* L'augmentation des Douannes, & le prix du Tabac & autres, &c.

vernement de ce Prince. Or un Souverain,
n'a pas befoin de ces gens-là pour créer des
Impôts. Il feroit même à fouhaiter pour
les Sujets qu'il ne s'en fervît jamais ; par-
là le Peuple feroit toujours foulagé d'un
tiers de la Taxe ; car fi un Contrat particulier des Fermes Royales , par exemple,
eft de quarante millions , il eft certain
que par le fyftême des Traitans , l'Impôt
eft toujours de foixante effectifs fur le
Peuple ; or il faut néceffairement à la fin
que cette maniere d'adminiftration boule-
verfe l'Etat , parce qu'elle jette toutes les
richeffes d'un côté.

Suppofons une Monarchie naiffante
fur la Terre compofée de vingt millions
d'habitans & qui eût neuf cens millions
d'efpéces, (ce qui eft à-peu-près , la population , & les riches immeubles de la
France) & que les revenus du Roi fuffent
de trois cens millions. Qu'on établiffe
dans cet Etat naiffant les Fermes Royales.
Voici le mouvement que le Contrat
donnera aux Finances. Il retirera l'argent
du Peuple , & l'enverra au Prince qui à
fon tour le renverra au Peuple. Mais
comme outre cette opération générale les
Fermiers en feront une particuliere , qui
fera de détourner une partie des richeffes
à leur profit , & que celles-ci ne rentre-
ront plus dans la maffe commune , il

arrivera infenfiblement que les Traitans à la fin auront tout l'argent du Royaume, & que le Roi & le Peuple n'en auront point. *Abregé de l'Hiſtoire des Fermes Royales* de la France.

Pour reconnoître le vuide de tous les raiſonnemens que les Partiſans de ce ſyſtême débitent, il ſuffit d'établir un ſeul point fondamental.

Toute la geſtion du Fermier eſt fondée ſur la richeſſe générale de l'Etat. Il peut bien donner un mouvement plus ou moins rapide aux Finances ; mais il ne ſçauroit les augmenter. Car il n'eſt point à ſon pouvoir de mettre dans l'Etat une richeſſe qui n'y exiſte point, & qu'il n'a point lui-même.

A quel prix que ſoit le Bail des Fermes, cela eſt indifférent aux Fermiers. Ce n'eſt point lui, mais les Sujets qui en font les fonds au Roi.

Le Contractant n'a d'autre caiſſe que celle des deniers du Peuple, il n'a d'autre moyen pour payer le Roi, que celui de ſes propres Finances.

Les revenus de l'Etat pourroient être perçus d'une maniere plus ſimple. Pourquoi faire un métier de ce qui n'en doit pas être un ?

Plus de quatre cens mille Sujets pourroient être employés d'une maniere plus

avantageuse à l'Etat. Il est certain d'ailleurs qu'il y auroit plus de probité en
France, si on abolissoit une profession,
qui fait que tant d'honnêtes gens deviennent des fripons.

Voilà en gros l'inconvénient des Fermes. Je n'en connois point les avanta-
ges ; ceux de la Régie font sans nombre.

» La Régie dit un célébre Politique
» François, * est l'admiration d'un bon
» pere de famille, qui leve ses revenus.
» Par la Régie le Prince est le maître de
» lever ou de retarder la levée des tributs,
» ou suivant ses besoins, ou suivant ceux
» du Peuple. Par la Régie, il épargne à
» l'Etat les profits immenses des Fermiers
» qui l'apauvrissent d'une infinité de ma-
» nieres. Par la Régie, il épargne au
» Peuple le spectacle des fortunes subites
» qui l'affligent. Par la Regie l'argent levé
» passe par peu de mains. Il va directement
» au Prince, & par conséquent revient
» plus promptement au Peuple. Par la
» Régie le Prince épargne une infinité de
» Loix, qu'exige toujours de lui l'avarice
» des Fermiers, qui montrent un avantage
» présent pour des réglemens funestes
» pour l'avenir, &c.

Ce célébre Auteur auroit pû ajouter

* Mr. de Montesquieu.

que les Fermes donnent de l'autorité à certaines gens, qui, vû la nature du Gouvernement Monarchique de la France, ne devroient point en avoir.

Il s'établit des Tribunaux contraires à sa constitution. La Justice est exercée par des gens qui sont eux-mêmes Juges & Parties. Par les Fermes la Majesté du Trône est avilie, il n'y a plus de proportion de la puissance du Souverain à celle des Sujets. Il faut nécessairement à la fin que les Maltotiers deviennent les maîtres de l'Etat; car de la possession générale des richesses, à l'autorité entiere, il n'y a point d'intervalle.

N'a-ce pas été un spectacle bien surprenant dans le cours des dernieres Guerres, de voir Louis XV. ce grand Prince que les Puissances les plus formidables de l'Europe liguées ensemble, n'avoient pû faire fléchir un instant, être forcé d'avoir recours à ces Financiers, & les prier pour ainsi dire, de lui fournir les moyens de s'opposer aux desseins de ses ennemis, & d'un autre côté ces hommes durs & intraitables voulant traiter avec ce Prince d'égal à égal; & choisissant ces tems de calamité pour exiger des Loix onéreuses à ses Peuples.

Par les Fermes, la maniere de percevoir les revenus de l'Etat devient une profeſſion particuliere. Il n'y a qu'une claſſe d'hommes qui ayent la clef de la levée des Droits du Prince. Les Mal-toticrs aujoud'hui en France ſe ſuccédent les uns aux autres. Le métier de Financier eſt devenu un Art de famille.

Par les Fermes, le Roi, & ſes Miniſtres ſont déroutés ; ils n'ont plus à la fin aucune idée des revenus de la Couronne. Alors on a beau découvrir que les Fermiers ſont des mal-honnêtes gens, on eſt obligé de fermer les yeux ſur leurs malverſations, parce qu'on n'en a pas le reméde. C'eſt le cas, où ſe trouve aujourd'hui la France.

Entrons à préſent dans les branches particulieres de ce déſordre.

Les Fermes Royales ſur le pied de leur Régie actuelle par la Compagnie occupant au-delà de trois cens mille Commis, Gardes, Employés, Buraliſtes, &c. Ces nouvelles profeſſions ont été hantées ſur la claſſe de Laboureurs, ce qui a formé un vuide immenſe dans l'agriculture. La moitié du Royaume en a demeuré en friche. La plûpart des terres, qui du tems de Charles IX. d'Henry III. produiſoient une valeur à l'Etat, n'en donnent à préſent aucune, une grande partie ſont retournées en Communes. Ce Royaume fourniſſoit autrefois la ſub-ſiſtance

ſiſtance à ſes voiſins, aujourd'hui il tire d'eux une partie de la ſienne.

C'eſt au Contrat des Fermes qu'il faut attribuer la véritable époque de la décadence de la France. Sans cette maniere d'adminiſtration, ce ſeroit aujourd'hui le Royaume le plus floriſſant de l'Europe. Les véritables richeſſes d'une Nation ne peuvent venir que de la terre, toutes les autres ſont chimeriques ou précaires. L'agriculture produit ſeule dans l'Etat une valeur qui n'exiſtoit pas.

Si le ſyſtême des Fermes avoit été établi en Angleterre, cette Monarchie ne ſeroit jamais parvenue à l'état de grandeur où elle ſe trouve aujourd'hui. C'eſt à la Régie qu'elle doit toute ſa puiſſance. Cette Nation eût perdu par-là un capital en fonds de terre de pluſieurs milliars, dont ſon agriculture lui paye tous les ans le revenu. Elle n'auroit aſſurément point ces riches Maiſons, ſi par des Fermes Royales le nombre de ſes Employés eût augmenté dans la proportion de ceux de la France. La Recette des droits dans cette Monarchie occupe peu de Sujets. Les revenus de l'Etat ne ſont pas devenus l'affaire particuliere d'une Compagnie. On n'a point fait un ſyſtême de la levée des revenus publics. Le Contrat n'a point diminué le nom-

B

bre des professions de premier besoin.
L'Agriculture, le Commerce, & les Arts
ne s'en font point ressentis. L'industrie de
chaque Particulier se rapporte au bien
de l'Etat. Toute la somme du travail des
Sujets est relative à la République.

La direction générale de l'Emploi des
Sujets est le chef-d'œuvre de la politique du Ministere : c'est de cette combi-
naison bien ou mal entenduë, que dépend toujours la puissance, ou la foiblef-
se des Etats.

Cette direction peut seule expliquer
comment des Monarchies avec la moitié
moins d'habitans & de peuples, deviennent aussi riches, & aussi opulentes que
d'autres qui ont le double de tout cela.

On entend dire tous les jours par les
Partisans du Contrat, que le Fermes donnent à vivre à trois cens mille Sujets
qui sans cette ressource seroient embar-
rassés de subsister.

C'est précisément cette ressource qui
ruine la France en diminuant continuellement ses richesses naturelles.

Il est clair que d'un Laboureur à un
Employé, c'est-à-dire d'un sujet qui
crée tous les ans dans l'Etat une valeur
de 300 livres avec celui qui la consu-
me ; d'un homme qui entretient à un

autre qui est entretenu, il y a une différence entre ces deux sujets d'une valeur
de six cens livres au désavantage de l'E-
tat, ce qui multiplié par trois cens mille
fait une perte réelle de dix-huit cent millions tous les ans pour la Monarchie.

Depuis la création du Contrat la
France a perdu une valeur immense
que lui auroit produit son agriculture,
outre un capital de richesses en fonds
de terres défrichées de dix-huit milliars
qui lui porteroit annuellement au-delà
de neuf cens millions, valeur d'autant
plus réelle qu'échangée contre l'industrie
& l'or des autres Nations, auroit donné à l'Etat une richesse effective, au lieu
que la somme du produit des Fermes,
étant prise dans les richesses de la Nation n'en augmente point la masse.

La plûpart des hommes en France
ont perdu la trace de leurs premieres
professions ; toutes les classes se sont
remplies insensiblement les unes sur les
autres. Celle des Laboureurs surtout a diminué dans la proportion que les emplois
des Fermes ont augmenté. Les branches
des Sujets qui ont quitté les professions
de premier besoin pour embrasser celles
qui ne produisoient rien à l'Etat, se sont
accruës. Cependant ces nouvelles classes
ont dû subsister sur la somme du travail

de ceux qui ont reſté à la Campagne , & celle-ci ne ſuffiſant pas, il a fallu avoir recours à l'agriculture des autres-Etats, ce qui a dépouillé la France de ſes ri-cheſſes ; ainſi on peut dire que la popula-tion de cette Monarchie a été elle-même un des plus grands inconvéniens de ſon opulence.

Le Miniſtere eſt ſurpris de cette foule de Contrebandiers dont la France eſt rem-plie ; il s'en demande la raiſon ; mais ne voit-on pas que ce ſont les Fermes elles-mêmes qui en ſont la cauſe. La partie des Sujets qui a été retirée de la Campagne pour ſervir dans les emplois ſubalternes des Fermes, a formé une grande branche de gens oiſifs, car un petit Commis de Douane qui a eu dix enfans, n'a pas pû les faire tous Commis comme lui, qu'a donc dû devenir cette foule de gens ſans profeſſion ? elle a formé ces troupes con-ſidérables de Contrebandiers.

J'ai obſervé que le plus grand nombre de ceux qui prenoient parti dans mes Troupes, étoient des deſcendans de La-boureurs, dont les emplois des Fermes avoient retiré les Ancêtres de la Campa-gné & qui ſe trouvoient ſans aucun talent, car c'eſt une obſervation que chacun peut aiſément faire que le fils ou petit-fils des Employés en général ſont peu propres

aux professions pénibles de la société.
Des gens dont les Ayeuls ont en lossé l'é-
pée, & qui ont passé leur vie à se prome-
ner autour d'une Ville, ou d'une porte,
contractent un dégoût naturel pour le
travail, dont pour l'ordinaire les enfans
héritent.

Je donnerai ici la copie de plusieurs lettres, qui me furent adressées lors de la
création de mes troupes. La maniere dont
elles sont écrites pourroit être une énig-
me pour la plupart des Lecteurs, si je n'a-
vertissois que ma coutume ordinaire
étoit de ne recevoir aucun de mes soldats,
sans être informé préalablement des rai-
sons qui les portoient à prendre ce parti.
Le style est un peu différent de celui d'un
Testament politique : mais je les rapporte comme elles m'ont été adressées. Je
cache seulement les noms, les lieux &
les dattes, &c.

LETTRE I.

MONSIEUR,

JACQUES N. de la Ville de M. mon grand-pere, quitta de labourer un petit Domaine pour se faire Garde de Tabac. Il eut dix enfans dont un seul hérita de son emploi ; les neuf autres s'adonnerent à la contrebande, mon pere qui fut pendu à V... pour avoir suivi la profession de ses freres, ne m'en laissa pourtant point d'autres à suivre. Je l'ai exercée pendant dix ans très-honorablement, & avec beaucoup de courage, j'ai tué de ma main neuf Gardes de Tabac, j'ai fait contribuer six Directeurs des Fermes, & j'ai dépouillé dix-huit Commis, après cela, Monsieur, je crois que vous me croirez capable de remplir la place de Brigadier-Honoraire que je demande dans vos Troupes. Je suis.

LETTRE II.

MONSIEUR,

JE labourois une petite terre sur les frontieres du Dauphiné, qui me produisoit tous les ans environ dix émines de froment, lorsque le Seigneur de notre Village qui se tient depuis long-tems à Paris, & qui avoit assisté à mes nôces lorsque j'épousai une jolie Paysanne, que la calomnie, ou peut-être seulement la médisance disoit qu'il avoit épousé avant moi *In naturalibus*, me fit obtenir une Brigade. Je quittai donc mon champ pour endosser l'épée.

Mais les malhonnêtes gens, Monsieur Mandrin, que sont ces Employés ! Il n'y a point de friponnerie dont cette canaille ne soit capable. Ne pouvant vivre avec des gens si corrompus, & n'ayant plus de goût pour labourer la terre, je vous demande une place de Maître dans vos Troupes légeres.

J'ai tous les moyens nécessaires pour devenir un fameux Contrebandier. Je n'ai pas encore tué personne ; mais j'ai dequoi tuer la moitié des Fermiers du Royaume. Mes armes de guerre font quatorze fufils à deux coups, fix carabines, vingt piftolets, & cinquante bayonnettes, avec cela je tire fi bien que je me flatte de tuer un Commis des Fermes à huit cent pas de moi, &c.

LETTRE III.

MONSIEUR LE GENERAL,

JE fors des Galeres où j'ai refté pendant dix ans pour la Contrebande: cetems expiré ceux qui vinrent me délivrer, me dirent que les Fermiers Généraux me pardonnoient. En même tems ils m'avertirent charitablement d'abandonner ce dangereux métier & de me remettre à l'agriculture qui avoit été la profeffion de mes Ancêtres ; mais croyez-vous, Monfieur le Général, qu'un homme qui a vogué pendant dix ans fur la mer, ait les bras bien bons pour labourer la terre.

Pour moi je ne me trouve affez de force que pour remplir l'emploi de Contrebandier, je vous prie donc de m'honorer d'un de vos Brevets.

LETTRE IV.

LETTRE IV.

MONSIEUR,

FAITES - moi la grace de me dire en réponſe ſi je ſerai rompu, ou ſeulement pendu ; étant trouvé les armes à la main à vendre du Tabac. Comme depuis cinquante ans que nous avons abandonné l'agriculture, nous n'avons de pere en fils dans notre famille aucun autre moyen pour vivre que la Contrebande, une explication là-deſſus m'eſt très-néceſſaire ; car s'il eſt queſtion de la roue je me rendrai à la tête de votre troupe, où en furieux les armes à la main, on me verra égorger autant de ſoldats militaires qu'il s'en préſentera. Je ſuis.

D'un autre côté le déplacement continuel des Commis dans les Fermes forme une ſource inépuiſable de Contrebandiers. Chaque Fermier Général a ſes créatures particulieres à placer aux dépens de celles qui ſont placées ; ce qui remplit continuellement l'Etat de gens ſans profeſſion.

Le département des Employés eſt aujourd'hui en entier du diſtrict des filles

C

de joye de Paris. C'eſt l'Opéra qui eſt chargé des premieres Commiſſions, & les Coureuſes des dernieres ; or comme le goût pour ces Créatures varie continuellement, l'ineſtabilité des Employés des Fermes augmente à l'infini.

LETTRE V.

MONSIEUR,

AVANT que de vous demander de l'emploi dans vos Troupes, il eſt bon que je vous diſe ce qui fait que je brigue l'honneur de devenir un de vos ſoldats.

J'étois Garde de Tabac aux environs de Paris, Emploi que j'exerçois depuis vingt ans avec tout l'honneur & la probité de ceux de mes pareils, lorſqu'une petite Toupie de la rue Saint Honoré demanda mon emploi au Fermier de ce département, pour un valet de pied de ſa connoiſſance qui le lui accorda ; ainſi peu de jours après je vis M. *la Violette* qui vint prendre poſſeſſion de mon emploi ; & je me trouvai par-là vis-à-vis de rien.

Me faire Voleur de grands chemins, ce n'eſt guères honorable. *Item*, cependant, il faut vivre. Je vous demande de l'emploi dans vos Troupes Légeres. Je suis.

LETTRE VI.

MONSIEUR LE GÉNERAL,

AURIEZ-vous befoin de fix cent Maîtres ? Nous fommes un pareil nombre d'Employés qui avons été révoqués au renouvellement des Fermes ; car chaque nouveau Fermier a fes valets de pieds, à donner de l'emploi.

C'eft par ces gens-là que nous avons été relevés. Il n'y auroit point de mal à cela, fi en nous ôtant nos places, on nous avoit donné les leurs, mais on nous a congediés de nos emplois fans nous fournir les moyens d'en remplir d'autres.

Nous n'avons point de pain : il faut pourtant en avoir à manger. Nous vous offrons nos fervices pour faire contribuer les Fermiers les armes à la main. Ils nous ont ôté les moyens de fubfifter, il ne nous refte que cette reffource pour vivre. Nous fommes, &c.

LETTRE VII.

MONSIEUR LE GÉNÉRAL
DES CONTREBANDIERS,

J'AVOIS la plus jolie sœur de tout Paris. Vous devez donc bien juger que je ne manquai pas d'avoir un bon emploi dans les Fermes. Ma sœur se déshonora avec un Fermier Général pour m'honorer d'un emploi de Contrôleur du Tabac dans une Ville de Province. Mais, hélas, elle eut dernierement la petite vérole, & mon emploi vient de m'être ôté, pour le frere d'une sœur qui ne l'a pas eu encore.

Je pars incessamment pour le Dauphiné, pour aller remplir l'emploi que vous voudrez bien me donner dans votre Troupe, quel qu'il soit je l'accepterai avec plaisir, pourvû qu'il me mette à même de me venger de cette engeance des Fermiers. Je suis, &c.

LETTRE VIII.

MONSIEUR,

J'AI appris que vous ne receviez perfonne dans votre Corps de Troupes ; fans avoir fçû au préalable la raifon qui fait qu'on a réfolu de devenir un de vos foldats. Voici donc mon Hiſtoire. Mon pere, fauf votre refpect, étoit un Fiacre de Paris, Nº. XXIX. J'étois fi joli garçon, que la *L*.... qui aimoit les beaux minois, après m'avoir gardé quelques années chez elle, me fit avoir un emploi de Garde de Tabac ; mais la *Petipa* qui vouloit m'avoir, & chez qui je ne voulus pas aller, me fit révoquer. La *Cartou* me fit replacer. Quelques années après la *Saint-Germain* me fit perdre mon pofte, peu de tems après la *Devau* me le fit réavoir.

Cependant la *Dafnoncour* m'aimoit, elle étoit piquée au vif de ce que je ne l'aimois pas. C'étoit une petite Créature qui n'avoit pas trois onces de chair fur fon corps. Pour fe venger elle me fit chaffer de mon emploi, la *Fauconier* l'aînée me le fit rendre, la *Fauchis* me le fit ôter, la *Joli de Guigne* me remit en commiffion. L'impudique *Sauvage* fut caufe qu'on m'en priva, la *Victoire* fit qu'on me le rendit, l'*Amedée* fit qu'on me l'ôta. La *Belnau* la cadette, par le moyen de la *Florence*, me le fit encore rendre. Enfin je fis comme cela la Na-

vette pendant plusieurs années ; mais
lorsque mes protections furent des Tou-
pies d'un Ordre plus distingué , je jouai
un plus grand rôle ; mais toujours incer-
tain. Mademoiselle *Mets* de l'Opéra me
fit avoir un Contrôle , mais la *Coraline*,
de qui j'avois dit que M. le P. . . .
de. . . n'en avoit pas eu les gans , me
le fit ôter. La *Duval-Constitution* se mêla
de me le faire rendre. Elle y échoua. La
Dupont n'y réussit pas mieux ; mais la
Gogo de l'Opéra-Comique l'emporta. Je
ne demeurai pas long-tems en charge. La
fureur qu'ont les Employés de parler des
filles de Théâtre , est presque toujours la
cause de leur ruine. On oublie pour l'ordinaire que ces Créatures gouvernent les
Fermiers , comme les Fermiers gouvernent l'Etat. Je n'eus pas plûtôt dit , dans
le Parterre de l'Opéra , que la *Lionois*
n'avoit point de bras que je fus révoqué
le lendemain. Cependant la petite *Puvi-
nier* qui entend toujours dire avec plaisir
qu'il n'y a personne qu'elle à l'Opéra qui
danse bien , se chargea de me faire rendre mon Emploi , & y réussit ; mais je
viens de le perdre irrévocablement pour
avoir déplû à une petite Créature , qui a
pris un si grand ascendant sur les Maltotiers , qu'elle conduit entierement l'Hô-

tel Général des Fermes. Ainsi n'ayant plus d'espérance d'être remplacé, & n'ayant pas de quoi subsister, j'ai résolu de prendre parti dans vos Troupes, &c. Je suis.

LETTRE IX.

MONSIEUR MANDRIN;

AU lieu de lever des Troupes pour vous mettre en état de vendre impunément du Tabac, ne feriez-vous pas mieux d'acheter une place de Fermier-Général ? C'est une maniere de voler l'Etat qui n'offense personne, parce que tout le monde y est accoûtumé. Le pillage est permis dans ce Poste, on y moissonne à pleine faux. A la place de quelques Villages vous feriez contribuer la France entiere.

On n'a pas vû pendre encore un seul Fermier Général depuis la création des Fermes ; au lieu que plus de cent mille de ceux qui ont embrassé votre profession, ont été roués, ou mis aux Galeres.

Si vous aviez une fois ce Brévet, vous pourriez sans aucun risque, faire valoir les heureux talens que vous avez de faire rançonner le Public. Je suis.

Un des plus grands inconvéniens des Fermes eſt celui d'avoir jetté les richeſſes de l'Etat tout d'un côté, ce qui a répandu l'indigence dans tout le Royaume.

Les Fermiers ont eux ſeuls plus d'or & d'argent que n'en ont enſemble tous les autres particuliers de la France. Parce que quarante perſonnes ont les Fermes de l'Etat, quatre cent mille Ménagers ne peuvent pas ſubſiſter, parce que trois cens Maltotiers regorgent des choſes ſuperflues, trois millions de ſujets manquent des choſes néceſſaires. Toutes les richeſſes de l'Etat vont ſe perdre dans leurs coffres. On compte les Fermiers par le nombre de leurs millions. Il n'y a que ces gens-là qui ſoient opulens ; car c'eſt l'Etat en Corps qui contribue à les enrichir. Ils ont chez eux le bien de tout le Royaume.

Autant que mes combinaiſons ſur les Finances de la France peuvent être juſtes, je trouve que de neuf cens millions dont elle jouit en eſpéces, les quarante Fermiers-Généraux, les deux cens Sous-Fermiers, & les principaux Directeurs, Régiſſeurs & Receveurs en jouiſſent actuellement de ſix cens. Or s'il eſt vrai, comme on n'en ſçauroit douter, que c'eſt de la diſtribution égale des richeſſes que dépend l'opulence des Etats, il l'eſt également que le ſyſtême des Fermes en France, en détruiſant cette proportion, a porté le coup funeſte à la Monarchie.

Cette maniere d'adminiſtration a ruiné l'Etat. Les Fermiers en attirant à eux tout l'argent de l'Etat, ont porté la déſolation dans toutes les Provinces. La miſere générale qui y regne, a mis les particuliers au déſeſpoir. Voici des piéces.

LETTRE X.

MONSIEUR,

JE ſuis d'un petit Village du Dauphiné à deux lieues de Guilieſtre ; mais ſi pauvre & ſi dépourvû d'argent, que dans toute la Communauté, qui eſt de 1500 habitans, il n'y a actuellement que ſix cent livres en piéces de deux liards ; laquelle ſomme repartie en portions égales fait huit ſols & quelques deniers pour chaque citoyen.

Le Curé a un double Louis d'or que tout le voiſinage vient voir le Dimanche par curioſité. C'eſt en effet une piéce unique à douze lieues à la ronde. Le Seigneur a douze gros écus de ſix francs

qu'il conferve avec autant de foin que
les Curieux en prennent à Paris pour
conferver les douze Médailles des Em-
pereurs Romains.

Cependant les terres font en friche,
& les champs ne produifent rien, parce
qu'aucun des habitans n'a les moyens
d'avoir ni les outils, ni les beftiaux néceffaires pour le labourage.

A ce portrait il n'eft pas difficile de
deviner le parti qu'il nous refte à prendre.
Vous n'avez qu'à vous préfenter avec
votre Troupe, & tout le Village fe fera
Contrebandiers par délibération. Je fuis.

LETTRE XI.

MONSIEUR,

PENDANT les fix Regnes qui avoient
précedé celui de Louis XIV, la petite
Ville où je fuis né dans une Province de
la France, jouiffoit d'un capital en efpéces de dix-fept cens mille livres ; ce
qui avoit fuffi jufqu'alors à foutenir fon
commerce & fon agriculture, & par
conféquent à rendre riches & heureux
fes habitans. Mais depuis l'augmentation
de droits de Douane, celui du Tabac,

& l'établiſſement ruineux des Bureaux ;
la ſomme de nos richeſſes s'eſt inſenſible-
ment fondue, de façon que les trois
quarts des habitans n'ont plus les moyens
de faire valoir leur bien, ce qui a réduit
toute la Communauté à la miſere.

Le compte eſt bien clair. Depuis ſoi-
xante ans, les Receveurs des Greniers à
Sel, de la Douane & du Tabac, em-
portent annuellement une ſomme de
vingt-ſix mille livres, ce qui en a fait
une générale de quinze cens ſoixañte
mille livres qui eſt ſortie ſans retour. Il
ne nous reſte donc qu'un capital des richeſſes de quarante mille francs ; qui dans
deux ans n'exiſtera plus chez nous ; ainſi
il y a toute apparence alors qu'il ne nous
reſtera d'autre reſſource que de prendre
la profeſſion que vous avez vous-même
embraſſée, en attendant que la Communauté ſe décide, je vous prie de me recevoir dans vos Troupes. Je ſuis.

LETTRE XII.

M. LE FAMEUX CONTREBANDIER.

J'AI une femme & huit enfans, & je
n'ai pas de quoi leur donner du pain.

Quel parti me reste-t-il donc à prendre
que celui de la Contrebande ? M. le Curé
qui fut informé que c'étoit-là mon des-
sein, vint me trouver ces jours passés
pour me représenter que par-là j'allois
filer ma corde ; mais je le mis *à quia* par
cette interrogation ; qu'aimeriez-vous
mieux, Monsieur le Curé, lui dis-je,
être assuré de mourir de faim, ou risquer
d'être pendu ? Il ne sçût quoi me répon-
dre. Je profite de son silence pour vous
demander un Brevet dans vos Troupes,
&c. Je luis.

Le luxe que la mauvaise économie des
richesses (suite nécessaire du système des
Fermes) a occasionné en France, est une
autre source de Contrebandiers. Une
classe d'hommes, qui regorgent des richesses, excite naturellement les autres
à lui fournir des moyens de les dissiper ;
de-là ces arts de superfluité, ces professions qu'un certain goût n'a pas plûtôt
formé qu'un nouveau détruit. Tantôt des
modes extrêmement combinées occupent
un grand nombre de sujets, souvent d'autres plus simples qui leur succedent croi-
sent les bras à une quantité prodigieuse
d'artisans. Que peuvent alors devenir
tant d'hommes réduits à la misere ? Ils

choisissent la profession qui peut leur donner du pain , quelque danger qu'il ait à
la faire.

L'anthipatie naturelle qu'on a pour les
Maltotiers , grossit encore considérable-
ment le nombre des Contrebandiers. La
fortune des Fermiers choque générale-
ment tout le monde. Cette haine est d'une
conséquence infinie pour l'Etat, elle peut
suivant les circonstances , contribuer à
renverser la Monarchie. Je puis dire que
j'ai éprouvé des douceurs dans mon emploi de Capitaine Général , qui m'ont
porté à croire que le peuple étoit ulceré
contre tout ce qui avoit quelque rèlation
avec les Fermes & ses Commis. J'aurois
été arrêté cent fois , sans les avis qui
m'ont été donnés.

LETTRE XIII.

MONSIEUR MANDRIN,

NE passez point par le chemin de B***
ne, il y a deux cens hommes de troupes reglées , qui y sont en embuscade.
Au-dessous de la Montagne est un cen-
tier, qui vous conduira en toute sureté
à L***ne , où nous avons appris que

vous voulez aller, si vous ne connoissez
pas le local du Pays & que vous ayez
besoin de guides, faites-nous le sçavoir
& notre Communauté, vous en enverra
quatre. Je suis, &c.

LETTRE XIV.
MONSIEUR,

A côté de la petite vallé de N***ne,
il y a un bois qui a deux lieues de long
sur une de large. Cet endroit pourroit d'autant mieux vous servir d'azile
contre les troupes reglées que pas un
seul Commandant n'en connoît l'entrée
ni l'issue, & qu'aucun habitant du pays
ne leur servira de guide, mais en cas de
trahison il y a un retranchement naturel
au milieu du bois, où vous serez plus
sûr que dans la plus forte Citadelle du
monde, tous les Régimens de France y
périroient les uns après les autres. Dans
une affaire reglée, vous joueriez-là le
même rôle que le Général du Roi de
Sardaigne joua au Col de l'Assiéte. Je
suis, &c.

LETTRE XV.

Monsieur Mandrin,

Méfiez-vous du Régiment de la Mor...
re, il y a dans ce Corps un Officier qui
a le nez bon ; il fleure un Contrebandier
à deux lieues loin. Ce n'est point qu'il
ne haïsse les Fermiers Généraux ; il les
voudroit voir tous pendus, mais il aime
leur argent : c'est toujours la somme qui
le décide. Si elle est un peu grosse,
c'est un César ; aucun péril alors ne le
retient. Pour une gratification il iroit
arrêter son pere. Je suis, &c.

On ne s'en est pas tenu à me donner
des avis ; on m'a souvent offert, &
fourni des secours.

LETTRE XVI.

Monsieur le General,

Si vous avez besoin de munition de
Guerre, & de bouche, nous sommes
prêts à vous en fournir. Vous pouvez
compter sur notre Communauté pour
quatre cens fusils ; deux barrils de pou-
dre, trois quintaux de balles, six cent

rations de pain, cinquante facs de fari-
ne & cent d'avoine. Je fuis, &c.

LETTRE XVII.

MONSIEUR MANDRIN;

EN cas que vous ayez befoin de faire
quelque fiége, je vous offre dix piéces
de gros Canons qui font dans mon Châ-
teau à Mont. . . n.

La plûpart des Commis eux-mêmes
m'ont fourni les moyens de leur enlever
leurs caiffes.

MONSIEUR,

J'ai une recette à L. . . .ne, qui n'eft
qu'à deux lieues de l'endroit où vous
vous trouvez ; vous pouvez venir prendre ma caiffe quand il vous plaira ; à
condition que vous m'en laifferez un
tiers. J'ai déjà mon Procès-verbal dreffé.
Il faudra pour la fomme que vous me-
niez cinquante hommes avec vous. Je
fuis, &c.

LETTRE XVIII.

MONSIEUR MANDRIN;

JE parts après demain pour porter à
Montpellier

Montpellier l'argent de ma recette ;
je vous prie de vouloir bien me faire la
grace de venir me l'enlever. Je n'aurai
qu'une Brigade de dix Gardes ; reglez-
vous là-dessus. Je souhaiterois que
vous fussiez à la tête de cette expédi-
tion, & que pour ma décharge elle se
passat en présence du petit Village de
L... où on a déjà voulu me tuer, ima-
ginez-vous si on me prêtera du secours,
j'y serai entre neuf à dix. A l'égard des
conventions j'ai déjà tout reglé ; portés
un reçu de cinquante mille francs, pour
une somme de vingt mille que je vous
remettrai. Je suis, &c.

LETTRE XIX.

MONSIEUR,

JE jouis d'une recette d'où je suis prêt
à être revoqué par Mrs les Fermiers Généraux, pour quelques fautes d'Arith-
métique qui se font trouvés dans mes
comptes. Et ne trouvez-vous pas cela
admirable, Mr. Mandrin, que ces gens-
là ayent la manie de vouloir voler l'Etat
à l'exclusion de tous les autres Sujets
du Royaume. Pour moi, j'ai aussi bonne
apétit qu'eux. S'ils aiment l'argent, je

D.

ne le haïs pas ; enfin pour venir au fait
je vous attends pour enlever la moitié
de ma caisse ; car à l'égard de l'autre,
je l'ai enlevée moi-même. Je suis, &c.

Si on ne redresse cette partie de l'administration françoise ; cette belle Monarchie dont la constitution d'ailleurs est
si heureusement combinée sera toujours
en danger. On dit pour raison que le
système de l'Etat est monté aujourd'hui
sur celui des Fermes ; il faut le démon-
trer, si on peut prouver démonstrative-
ment que c'est ce système qui affoiblit
son Gouvernement politique en arrêtant
les progrès de l'Agriculture ; car comme on l'a dit, l'Etat qui a trop d'Employés, n'a pas assez de Laboureurs,
ce qui rend ses grandes Armées inutiles.

Six ans de guerre reduisent toujours
la France à la famine, ce qui l'oblige
ordinairement de recevoir la Loi de ceux
à qui elle devroit la faire.

Si ce système arrête les progrès de
sa population ; s'il est un des plus grands
obstacles à l'économie des richesses, s'il
diminue l'autorité du Prince, s'il chan-
ge le genie de la Nation, en rendant
feroces & rebelles un grand nombre de
sujets ; en un mot si ce système renverse
la Constitution de la Monarchie ; il faut
nécessairement l'anéantir avant qu'il n'a-
cheve lui-même d'anéantir l'Etat.

On crie beaucoup contre les Fermiers Généraux. Ils ne font cependant que les inftrumens du défordre. Le mal eft dans le haut prix du bail. La plupart des Combinateurs des intérêts publics fe déclarent pour la Régie. Je crois que pas un feul n'a bien entendu cette matiere. L'avantage qu'on fuppofe trouver dans celle-ci fur le pied du contrat préfent, eft une pure chimere : ce ne feroit que changer le mal.

Il eft fort indifférent par rapport à la chofe en elle-même que l'Etat foit pillé par des Fermiers , ou des Regiffeurs. Ceux-ci bientôt ne feroient pas plus honnêtes gens que les autres. Au nom près cela reviendroit toujours au même. Pour jetter les fondemens de la grandeur de la France , il faudroit commencer par la remettre dans la même pofition où elle étoit avant le fiftême des Fermes ; c'eft-à-dire éteindre partie des impôts dont le contrat n'a été que le prétexte.

Pour remettre les fujets en haleine , & les porter au travail , il faut d'abord les laiffer refpirer. Depuis foixante ans ils font accablés fous le poids de leur mifere. L'augmentation continuelle du Bail des Fermes en retirant tout l'argent de la Nation , a jetté la confternation par tout. L'Etat pour m'exprimer ainfi,

D ij

porte le deuil de ce ſyſtême. La triſteſſe eſt générale.

La diminution des droits d'entrée, du Tabac, &c. En laiſſant plus d'argent dans les Provinces, rendroit l'agriculture plus floriſſante, & le peuple plus induſtrieux ce qui formeroit des nouvelles valeurs qui produiroient des richeſſes réelles à l'Etat.

Le Contrat diminué formeroit un objet moins important pour la Monarchie. Alors une infinité des ſûjets dont l'emploi étoit relatif aux Fermes tourneroient leurs vûes du côté de l'économie & du commerce.

C'eſt ſur le prix des Fermes qu'eſt combiné aujourd'hui le nombre d'Employés, lorſqu'il ſera moindre celui des Commis diminuera néceſſairement une infinité de Bureaux de péages & autres établiſſemens que l'importance de l'objet à fait former, tomberoient d'eux-mêmes, & par-là rendroient à l'agriculture, & aux Arts, un nombre prodigieux des bras que les Fermes lui avoient dérobés.

Mais la pierre d'achopement de tous les ſyſtêmes de la nature de celui-ci eſt la diminution des revenus de la Couronne qui s'en ſûivroit d'abord.

Les Miniſtres ne ſont point traitables

ſur cette matiere. Tout mémoire qui tou-
che cette corde, eſt comme impie en
politique : ceux-là ſeulement qui parlent
de les augmenter aux dépens même des
ſujets ſont lûs & goûtés.

Il eſt cependant dans tout le ſyſtême
que la richeſſe du Prince n'a d'autre fon-
dement que celle de ſes peuples, & que
lors qu'il ſe gliſſe un vice dans l'adminiſtration qui les apauvrit , il faut néceſſairement à la fin, que leur ruine en-
traîne la ſienne.

Mes Juges qui ſont déjà aſſemblés &
qui m'attendent pour me condamner à
la mort, ne me permettent pas d'entrer
dans des plus longs détails ſur cette matiere : je me contenterai de dire en gros
qu'à chaque dix millions de diminution
ſur les Fermes ; l'Etat y gagneroit une
valeur de plus de cinquante ; ce qui rendroit bien-tôt le Roi de France un des
plus riches Potentats de l'Europe.

Il eſt étonnant qu'on puiſſe reprocher
à ceux qui paſſent leur vie à étudier les
moyens d'augmenter les revenus de la
Couronne de les méconnoître.

L'unique maxime pour rendre un Souverain opulent eſt, que 'e Peuple le ſoit.
Un Roi qui a des Sujets riches , eſt toujours puiſſant. Les taxes ne coûtent rien
au Peuple, ils s'y prête toujours volontiers.

lors que ses richesses prennent leur source dans les systêmes du Gouvernement.

Il n'y a point de Peuple sur la terre plus chargé d'impôt que celui d'Angleterre ; & il n'y en a point en même-tems qui le sente moins , parce que l'Etat lui donne toujours plus qu'il ne lui ôte.

Il faut que les richesses avant que d'entrer dans le coffre du Prince , ayent contribué elles-mêmes à enrichir les Peuples. Voilà le premier de tous les systêmes des Finances.

Une administration qui tend à diminuer les classes des premiers besoins, qui contribue à augmenter le nombre des professions inutiles, qui jette l'argent de l'Etat tout d'un côté , qui fomente le luxe, &c doit en détruisant les fortunes des particuliers , renverser avec le tems celle du Souverain.

Il sort tous les ans plus de vingt millions effectifs du Royaume. Cette somme passe chez les Etrangers qui profitent du désordre de l'administration Françoise , pour s'enrichir aux dépens de cette Monarchie. Comme cet argent ne rentre plus, il forme un vuide réel dans l'Etat · or il faudra à la fin que le Peuple & le Roi en manquent entierement.

Il faut corriger le mal dans sa source. L'attention du Gouvernement ne doit

point porter fur les caufes fecondes. A
quoi peuvent fervir les punitions exercées
fur ceux de mes pareils. Ils ne feront que
diminuer le nombre des Sujets de l'Etat,
fans diminuer celui des Mandrins. La
France en fera toujours pleine. J'ai laiffé
derriere moi plufieurs de mes Lieutenans,
qui prendront ma place.

Tant de combats qui fe font donnés ;
tant de meurtres commis, la potence &
la roue ont formé un vuide dans la fomme générale du travail de la République;
car quoique cette diminution ne fe mon-
tre pas fenfible, elle n'en exifte pas moins.

On dépeuple infenfiblement la Monarchie par les fuplices, & toujours à pure
perte ; car les vices étant dans l'adminiftration on n'y remédiera qu'en corrigeant
celle-ci.

Mon fuplice intimidera d'abord cette
foule de Contrebandiers qui étoient fous
mes ordres ; mais il en fera de ma mort
comme de toutes les autres chofes de ce
monde ; trois jours après mon exécution
perfonne ne penfera à moi. Le befoin &
la néceffité qui ne reconnoiffent aucune
loi fur la terre, fera reprendre bien-tôt,
aux Contrebandiers leur premier métier.

Louis XV eft un Prince clément. Ce
bon Roi eft le véritable Pere de fes Peuples. Il n'y a nul doute que s'il étoit in-

formé de la premiere caufe qui fait que
tant de Sujets périffent fur un échafaut ,
il y apporteroit le reméde néceffaire.

Le meilleur parti qui refteroit à la France feroit , le lendemain de mon exécution
d'accorder une amniftie générale à tous
ceux qui ont trempé avec moi dans l'affaire de la Contrebande , & de nommer en
même tems des Commiffaires pour exami-
ner dans les Provinces ceux qui faute de
Profeffions n'ont pas de quoi fubfifter ;
afin de leur fournir les moyens de vivre ,
foit par des travaux Royaux , ou autres
voyes relatives à leur fituation.

Ce moyen feroit plus efficace que les châti-
mens. Le François eft grand , il a l'ame noble.
On eft toujours fûr de le ramener à fon devoir ,
lorfqu'on employe la clémence.

La politique a befoin dans plufieurs cas d'ufer
des pallians , il faut fçavoir quelquefois tirer le
rideau fur certains défordres , à caufe des confé-
quences. Si on n'écoute que la vengeance des
Fermiers , & qu'on laiffe agir les Tribunaux or-
dinaires , on ne fera qu'irriter le mal , fans y
apporter le remede. Ceux-là verroient la fcéne
tragique du fupplice de la moitié de la France ,
fans que ce fpectacle les émut , ils ne font touchés
que de leurs intérêts perfonnels.

A l'égard des Tribunaux , ils n'ont qu'une
affaire , qui eft de délivrer des coupables au
Bourreau : ils n'envifagent rien , & ne doivent
même rien envifager au-delà du châtiment que
mérite le crime. C'eft au Prince dans les cas
extraordinaires de porter fes vûes plus loin.

F I N.

www.ingramcontent.com/pod-product-compliance
Lightning Source LLC
LaVergne TN
LVHW022210080426
835511LV00008B/1679